José Micaelson Lacerda Morais

D'O Capital de Karl Marx

Interpretação em verso e prosa

D'O Capital de Karl Marx: interpretação em verso e prosa. 2ª Edição revista e ampliada. José Micaelson Lacerda Morais. *Independently Published*, 2024.

ISBN: 9798702277530

1. O Capital 2. Kar Marx 3. Capitalismo 4. Socialismo

Para uma autoridade em teoria do valor, ilustre amigo e colega de Departamento, Francisco José Soares Teixeira.

SUMÁRIO

PREFÁCIO

Convite à arte do pensar

"*D'O Capital de Karl Marx: Interpretação em verso e prosa*", de Micaelson Lacerda, é um texto escrito sob o signo da paixão. Paixão que move o autor em sua luta contra a obscuridade que ameaça tomar conta do ensino nas universidades. Paixão que não despreza a razão, mas, sim, procura revesti-la de um corpo, para tornar seus alunos sensíveis a ela. Seu projeto é fazer com que, como diria Rousseau, passar "coração a língua do espírito; para que ele se faça compreender". Micaelson sabe que vive num mundo no qual as pessoas estão mergulhadas na mais profunda indigência científica, cultural e política, que chega a beirar a idiotia. Melhor exemplo não poderia oferecer os Estados Unidos. Nesse país, celeiro de prêmios Nobel, que comanda o destino do mundo e que já enviou naves para os confins do Sistema Solar, 11% de sua população não sabe o que é uma molécula. E o que é pior: 44% dos americanos rejeitam o darwinismo e, 52%, ignoram que a terra gira ao redor do sol[1]. Pesquisas realizadas pelo astrônomo norte-americano, Carl Sagan, revelam que o norte-americano vive num mundo em que impera a ignorância científica; uma sociedade, comenta ele, dominada pelo **analfabetismo científico**[2]. De acordo com seus estudos, 95% dos americanos são cientificamente analfabetos, não têm o mínimo conhecimento de como se dá a aplicação das leis da natureza aos processos de produção de riqueza.

Não é só o analfabetismo científico que impera. O homem converteu-se num *homo ignobilis*; fez morada nos braços da preguiça. Já não lê mais os grandes clássicos da Economia e da Filosofia, que edificaram o pensamento político da modernidade. Prefere os manuais didáticos, que lhe poupam o aborrecimento de pensar. Também não conhece Machado de Assis, Graciliano Ramos, Guimarães Rosa, Kafka, Drummond, Fernando Pessoa, Shakespeare, dentre outros. Caso tenha oportunidade de se deparar com um livro desses monstros da literatura nacional e mundial, desanima com o tamanho do seu volume; se lê as primeiras páginas, logo cai em desânimo e o abandona por um texto que fale de bruxaria, esoterismo e coisas do gênero.

Em sua crítica ao ensino universitário norte-americano, Allan David Bloom, em 1987, no seu livro, *The Closing of the American Mind*, "lamentava a desvalorização dos grandes livros do pensamento ocidental e a emergência de uma cultura popular que embalava os novos estudantes, incapazes de buscar um sentimento do filosófico para a vida e movidos apenas pela satisfação de desejos imediatos de conhecimento e sucesso comercial"[3].

Bloom não é uma voz solitária. Susan Jacoby, em seu livro *The Age of American Unreason*[4], reconhece que a substituição da cultura escrita pela cultura do vídeo resultou no decréscimo da capacidade de concentração das pessoas por períodos mais longos. A impaciência para conseguir informações no menor espaço de tempo criou nas pessoas o hábito pela mensagem em vez do texto; as palavras abreviadas, no lugar de sua escrita completa. Tudo que demanda tempo e raciocínio é recebido com a famigerada e batida frase: "não sei, não quero saber e tenho raiva de quem sabe".

Nesse mundo, as pessoas estão a adoecer coletivamente. Até os professores já não sentem mais prazer em dar aula, pois a maioria dos seus alunos já não quer saber de nada que lhes tomem mais tempo do que conseguem permanecer em sala e aula; nem ler se sabe mais.

Que fazer, quando todos parecem perdidos? Parece que não há muito que fazer. Mas, se é verdade que o pássaro de Minerva só levanta voo quando as sombras da noite começam a cair, quando, portanto, o homem já não sabe o que pensar e dizer, e as ciências e as artes ainda não sabem o que pensar e dizer, é tempo de o homem voltar a mergulhar na íntima noite de sua alma para voltar a pensar.

Eis aí o que se propõe a fazer o professor Micaelson. Mas, não é nada fácil arrancar o homem desse estado de letargia intelectual. Micaelson sabe e disso muito bem. Sofre na pele o desinteresse dos seus alunos pela leitura. Por isso, para torná-los sensível à arte do pensar, convida-os a acompanhá-lo na leitura que ele fez de *O Capital* de Marx na forma de prosa e verso. É uma leitura séria, cuidadosa! Não é uma prosa para agradar o público, mas para fazê-lo refletir sobre o que o homem tem mais divino: a razão.

Crato (CE), fevereiro de 2021.

Francisco Teixeira

INTRODUÇÃO

A ideia desse conjunto de poemas, ou meio-poemas, ou ainda não-poemas, ou só de um dedo de prosa, nasceu nos idos de 2012. Na verdade, logo após começar a lecionar Economia Política II (basicamente o livro I de O Capital), no Departamento de Economia da Universidade Regional do Cariri.

Sempre apreciei poesia. Florbela Espanca é uma das minhas poetas prediletas. Aprecio muito Carlos Drummond, Walt Whitman, Arthur Rimbaud, Sylvia Plath, Charles Bukowski, Pablo Neruda, Baudelaire, Fernando Pessoa, Ezra Pound, Shakespeare, entre tantos outros.

Sempre também gostei muito de música, principalmente, de rock, jazz, blues e clássicos. Ah! Os clássicos. As minhas bandas preferidas são Joy Division, Legião Urbana. Ella Fitzgerald e Dvorák, são também preferidos em outros tons. Aprecio muito Uriah Heep, The Doors, The Monkees, Pink Floyd, Radiohead, The Cranberries, Queen, Velvet

Underground, Raul Seixas, Titãs, Billie Holiday, Violeta de Outono, Garotos Podres, Nirvana, U2, Led Zepelin, Etta James, Frank Sinatra, Duke Ellington, Ray Charles, Schubert, Mozart, Tchaikovsky, Chopin, Bach, Strauss, Villa-Lobos e Mahler. Entre tantos outros, para não me estender mais que já o fiz. Mas, o curioso foi que me tornei fãs dos Beatles somente depois dos 40 e tantos anos. Antes, não sei bem o motivo, havia um certo tipo de barreira. Foi depois de ganhar de presente de meu irmão a discografia deles que tal mal-entendido se desfez.

Na virada de 1990 para 2000, até formei uma banda: a Sétimo Selo. Tanto uma referência ao genial filme do diretor Ingmar Bergman quanto uma referência ao livro bíblico do apocalipse. Nós nos apresentamos em vários lugares e produzimos até um CD intitulado "Do coração, do amor e de outros sentimentos". Fui fazer doutorado e a banda ficou para trás. Entre 2009 e 2010, formei de novo a banda com o mesmo nome, mas com outros amigos, nos apresentamos em vários lugares e produzimos também um CD intitulado "Cosmópolis". Fui para o pós-doutorado, e novamente a banda ficou para trás.

Voltando do pós-doutorado, enquanto lia Marx e preparava as aulas eu pensava. Será que dá para fazer uma música falando sobre o valor? E sobre o mais-valor? Como ficaria uma música para explicar o que é capital e suas implicações sobre a sociedade? Então, assim nasceu a ideia desse opúsculo.

Boa Leitura!!!

CAPITAL

Em um tempo de convulsões
E profundas transformações
Nas formas de viver e ser,
Surge uma obra radical,
Atacando o problema em sua raiz.
O Capital, um livro monumental e
complexo,
Escrito por Karl Marx, pensador audaz e
perspicaz.

Nas páginas desse épico tratado,
Desvendam-se os mecanismos e entranhas
do sistema capitalista.
Com palavras afiadas, argumentos incisivos
e categorias originais,
Marx nos guia por uma jornada inédita
E original da Ciência Econômica até então.

O primeiro volume é um mergulho

Nas entranhas do valor,
Onde o trabalho humano
Torna-se a medida mundana de todo
esplendor.
Marx desmistifica a mercadoria,
Desvelando sua essência e substância.
Demonstrando que seu valor é determinado
Não pelo trabalho concreto, visível e
sensível,
Mas pelo trabalho abstrato, invisível e
insensível.

No segundo volume, adentramos o reino da
circulação,
Onde o mais-valor se transforma em
dinheiro e o dinheiro em capital,
Numa busca sem ilusão.
Marx revela a lógica do mercado e sua
voracidade,
Enquanto a classe trabalhadora enfrenta a
opressão,
A insegurança e a exploração de sua força
de trabalho.

No terceiro volume, adentramos a esfera
produção capitalista em sua totalidade,
Na qual a exploração do trabalho social
Aparece como natural aos capitalistas em
ação.
Marx descreve as leis que regem a taxa de
lucro,

A cisão do lucro em juros e ganho
empresarial,
O processo de concorrência,
Sem escapar a fórmula ilusória e trinitária da
renda capitalista.

Através de suas páginas densas e intricadas,
Marx revela as contradições inerentes
Ao sistema em todas as suas camadas.
Ele expõe a exploração da classe
trabalhadora,
Que produz riquezas,
Mas é privada de sua própria melhoria
existencial.

A teoria da exploração de Marx é uma
denúncia,
Um chamado à ação e à luta por justiça e
equidade.
Ele desvela as múltiplas injustiças do
sistema capitalista,
E nos incita em buscar alternativas para
além dessa matriz.

Através de sua análise minuciosa,
Marx aponta para a necessidade de superar
o sistema
Com ousadia através de uma revolução
proletária.
Ele nos convida a imaginar uma sociedade
diferente,

Onde a exploração seja substituída
Por uma relação mais humanizada e
coerente com a natureza.

O Capital é um épico poema de crítica,
Que nos impulsiona a lutar por uma
mudança genuína.
Marx nos desafia a questionar
As estruturas estabelecidas, sua história e
seu devir,
E a construir um futuro
Mais justo e comprometido
Com a vida humana e não humana.

Que as palavras de Marx
Ecoem além do tempo presente.
Inspirando gerações a buscar um mundo
menos desumano e autodestrutivo.
Que a análise profunda de O Capital
Permaneça conosco em seu legado
grandioso.
Um farol brilhante e valioso:
"Trabalhadores do mundo, uni-vos!".

MERCADORIA

Mercadoria se tu falasses ...
O que dirias de tua condição
De hoje em dia.

Mercadoria verdadeiramente antiga tu és.
Nascera como produto
Do trabalho humano,
Como utilidade social.

Exclusivamente
Como suporte da totalidade das relações
sociais
Fundamentadas por trocas mercantis,
Porém,
Tu és deveras recente na história humana.
Teu pai foi o capital mercantil,
Tua mãe a acumulação primitiva.

Assim te transformaram de valor de uso
Em perversa abstração.

Coisas antes criadas pelo trabalho humano
Para satisfação de necessidades sociais
humanas,
Ganharam nova função,
Apartando de uma vez para todas,
A relação entre trabalho e satisfação de
necessidades,
Individuais e sociais.

Transformação é o que tu és,
De músculos, nervos, pensamentos ...
Transmutando natureza em sociedade
E sociedade em sua própria negação.
Quem diria do fetiche que te tornarias!
Para além de qualquer satisfação do
estômago ou do espírito.

Transmutada de objeto
De satisfação de necessidades
Em objeto de desejo inalcançável:
A mercadoria dinheiro de desejo insaciável.
(Representante universal de qualquer e toda
Mercadoria no mundo das trocas
capitalistas).

Mercadoria:
Quando te olhamos do imenso conjunto de
tua coleção não vemos o que éramos para
ver
     Liberdade,
       Igualdade,

Justiça.

Vemos através de ti, formas de privilégio,
De endeusamento de um punhado de seres
humanos,
Que se acham superiores a todos os outros
De sua mesma espécie.
O poder de comando e exploração do
trabalho social,
Exercidos pelo proprietário dos meios de
produção e subsistência: o capitalista.

Dinheiro, forma especial de mercadoria:
Em nossa vil alienação te buscamos em
desespero,
Porque tornastes representação de toda
riqueza...
Por todos os meios e formas somos
convencidos
Que há um rápido caminho
Para alcançar uma vida milionária.
(Promessa vazia que irresistivelmente nos
aliena: Domesticação do ser social).

Nada parece mais importar,
Educação,
Saúde,
Moradia.
Governo,
Política,

O Ser outro além de nossa individualidade
egoísta ...

Tudo se torna secundário diante de tua
busca,
Oh! Riqueza abstrata.
Todos te almejam, todos te desejam,
Não porque tu és, mas pelo poder de
mando que tua concentração permite
exercer.

Mercadoria,
O dinheiro era tu e tu era o dinheiro.
Até que o dinheiro que saiu de tuas
entranhas
Se apartou de ti.
Passou a ser o deus do mundo,
Subjugando a tudo e a todos.

Mercadoria,
Tu agora és somente esse meio
De gerar mais dinheiro, valorização do
valor.
A partir de ti
A obtenção de mais dinheiro não conhece
limites.
Somente os que o próprio sistema
Se impõe como oferta excedente de capital,
Em sua macabra dança de crises, guerras e
destruição.

Para de novo e de novo gerar novas oportunidades
De exploração e valorização.

Mercadoria,
Agora tu és produzida aos milhares.
Não para quem tem fome,
Não para quem tem sede.
Não para quem sofre com doenças,
Não para quem não tem onde morar.

Como uma cenoura amarrada na frente de um burro,
É o que tu és!

Era mercadoria-dinheiro,
Agora és valor sobre valor.
Abstrato, invisível, mistificador: Capital.

Um fantasma que nos assombra,
Nos silencia,
Nos "conforta" de vazio existencial.
Para que no fim aceitemos
O mundo como ele é para o Capital:

Necessidade para todos
Satisfação e privilégio para poucos.

MERCADORIA I

Ó mercadoria, objeto de valor,
Criada pela mão do trabalhador.
Tu és o fruto de sua labuta,
Mas também a fonte de tão intrincada
contradição.

Através do trabalho humano, tu és
moldada.
Mas o fruto do esforço não é dado a quem
cumpriu tua jornada.
A burguesia se apropria de teu valor,
Enquanto o proletariado enfrenta apenas a
dor de infindável labuta.

Na sociedade capitalista que se ergue,
Tu te transformas em fetiche, um véu que
te encobre.

Teu valor de uso é deixado de lado,
Em troca do valor de troca, o mais estimado.

Tu és símbolo de alienação,
Ocultando as relações sociais de exploração.
No sistema capitalista, és engano,
Subvertendo justiça e igualdade ao plano de meras formalizações.

Tu és uma força misteriosa,
Que domina as relações laboriosas.
Ao teu redor gira o mundo do capital,
Onde a exploração se torna banal
Para o dono do capital.

Ó mercadoria, fruto da produção social,
Desvela a contradição e a exploração do ser social.
Fetichizada e ilusória,
Perpetua a opressão através da história.

Teu valor de troca, afinal, é quem domina,
As relações sociais que se destroem e se definham.
Tuas leis abstratas permeiam a vida,
Mas ocultam a exploração escondida
Na aparência das trocas de equivalentes.

Oh, mercadoria, és uma ilusão,
Que mascara as relações de dominação.

Em ti, o capital se materializa,
Enquanto a classe operária agoniza.

Ó mercadoria, em tua forma mais sofisticada,
O dinheiro,
Não és a redenção da humanidade em sua emancipação.
Mas sim a manifestação de desigual expropriação.
Seu destino está atrelado ao capital,
E a luta pela emancipação do trabalhador assalariado
É questão vital para uma nova sociabilidade.

MERCADORIA II

O valor, valor, ... Ah! O valor!
Se olho e me agrada o que vejo
Atribuo certo valor a imagem do objeto
Que se forma em minha retina.

Quando olho as peças de artesanato
Deixadas pelo meu pai,
Elas me parecem muito valiosas.
Ali estão muitas horas de labuta e arte.

O valor sentimental é muito maior
Que qualquer quantidade de horas
trabalhadas.
O valor emocional que sinto é somente
meu.
Ninguém jamais poderá experimentar
Tal sentimento além de mim.
Ainda, assim, um sentimento válido,
Um valor válido.

(Claro, não no sentido econômico)

O valor econômico é de outra natureza.
Ele não é nem um pouco sentimental.

O valor quando da generalização das trocas
É mesmo desumano e contra a
humanidade.
É impessoal,
Escravizador,
Alienante ...

É um malvado fetiche,
Coisificador de homens e humanizador de
coisas.

Quando vou ao mercado comprar qualquer
amenidade
Vejo apenas uma etiqueta com um preço,
nada mais.
Aquele preço é o valor da mercadoria?

O que é preço? O que é valor?

******* ******** ********

– Preço é superfície, representação.
Valor é essência; substância material da
existência do ser.

– Se você não entender essa diferença,
Não entenderá o seu papel enquanto ser
social nessa sociedade,
Tampouco seu fundamento e dinâmica.

– O valor já foi honra, já foi virtude;
– O valor já foi reconhecimento, foi
sabedoria.
– Agora é só um preço; o grande preço de
tudo e de todos.
– Tudo o dinheiro pode comprar: o amor, a
virtude, o conhecimento ...

De onde vem então o valor?
De onde vem?

– O valor, do ponto de vista material,
sempre resultou de uma relação.
– A relação que transforma uma coisa em
outra,
Transforma natureza em utilidades sociais,
através da mediação do trabalho humano.

– Quando um ser humano em sua relação
com outros seres humanos derruba uma
árvore,
E através de seu trabalho transforma aquela
madeira em uma mesa,
Ele criou um valor, uma nova utilidade em
forma e conteúdo.

Para ele e para outros, uma utilidade social.

– Ele criou um produto através do seu
próprio trabalho
Para satisfazer ou criar uma necessidades do
estômago e do espírito.

– O valor é isso: aplicação da nossa força de
trabalho à transformação da natureza em
outra natureza fabricada; civilização.

– O trabalho não é valor,
É a sua substância.
E, através dele, de suas horas gastas,
Podemos estabelecer uma base para
quantificar o valor e as relações de troca.
Quantificar o valor é estabelecer padrões de
troca entre os produtos do trabalho
humano.

.

MERCADORIA III

No reino das relações mercantis,
Surgem conceitos cruciais a adentrar.
Valor, valor de uso e valor de troca,
Emaranhados na teia do mercado a se
entrelaçar.

O valor de uso, atributo primordial,
Reflete a utilidade, a função real.
É o aspecto concreto, tangível,
Que satisfaz necessidades do estômago e do
espírito, sem igual.

Mas eis que surge o valor de troca,
Entidade abstrata, de instituição social.

Medida pelo tempo médio de trabalho
social,

Eis o valor, fruto da relação entre o ser
humano e a natureza
Através de seu trabalho.
Valor, valor de uso e valor de troca,
permeiam a mercadoria, enigmático dilema.

A mercadoria, portadora do valor,
Comodifica-se no mundo do capital.
Transforma-se em objeto de desejo,
Envolta na sedução do mercado global.

O valor de troca, insígnia da exploração,
Esconde o processo de sua gênese.
A classe trabalhadora, em sua labuta,
Cria riquezas, mas só come o pão que o
diabo amassou.

O trabalho, fonte de valorização,
Subsumido pelo férreo sistema do capital.
O produto do suor, do esforço humano,
Aprisionado nas garras do lucro fatal.

O valor, convertido em moeda,
Torna-se protagonista nas relações.
A dinâmica do mercado se revela,
Nas transações, movimento de preços em
ação.

Mas a essência se desvela,
No antagonismo entre classes sociais.
Aqui reside o segredo, a essência revelada,

Do valor que permeia cada troca realizada.

Valor, valor de uso e valor de troca,
Desemaranhados pela teoria marxiana.
Revelam as contradições do sistema,
E apontam para a luta emancipatória, ainda
hoje tamanha.

MERCADORIA IV

A relação direta entre produto e trabalhador; "trabalho concreto".
A mesa e o marceneiro, o pão e o padeiro, a casa e o pedreiro.

A relação de estranhamento entre produto e trabalhador,
O trabalho tornado coisa-mercadoria, abstraído de seu fim; "trabalho abstrato".

A casa está lá pronta para alguém morar.
Não se sabe quem participou ou quantos participaram de sua construção.
Nem ao certo que tipo de relação social de produção foi estabelecida para tal fim.

(Com certeza existiram muitas mãos com diferentes habilidades)

A casa aparece assim
Como uma "geleia indiferenciada"
De força de trabalho humana despendida.

Não se distingue trabalhos individuais,
A concretude do trabalho de cada Ser.
Aquela casa no mercado é só um preço.

Assim ela é apresentada.
Assim o mercado lhe abstrai todas as
qualidades sensíveis de seu valor de uso.
Ela é só mais um preço, uma localização,
Uma configuração de tantos vãos.

Assim o trabalho concreto é transformado
em trabalho abstrato.
E este é transformado pela mediação do
mercado no preço das coisas.

(Contabilizando as horas necessárias de
trabalho social utilizadas naquela
construção)

O trabalho abstrato é assim
Como uma quantidade indiferenciada de
trabalho humano.
A base da equivalência das trocas,
A preparação para os preços das coisas.

O preço nada mais é

Que a expressão dessa geleia de força de
trabalho humana despendida,
Representada em um equivalente geral:
dinheiro.

A representação ideal
"Distinta de sua forma corpórea e
palpável",
A forma-dinheiro das mercadorias.

Preço não é valor,
Tao somente é a expressão do valor,
Medida do valor na forma preço.

O preço é o que se vê,
Está na etiqueta de cada mercadoria.
O valor é o que não se vê, é imaterial.
O resultado de uma relação social
Dos seres humanos ente si e com a
natureza
Que produziu uma certa utilidade social
para outrem.

Aquela mercadoria,
Aquele valor que compramos no
supermercado ...
Não sabemos se foi produzido
Com trabalho assalariado.
Se com carteira assinada,
Se com trabalho escravo ou trabalho servil.

Só sabemos do preço gravado em sua etiqueta.

Daí os preços representarem apenas relações de diferentes quantidades de trabalho entre si.

"O preço é a denominação monetária do trabalho objetivado na mercadoria".
A "expressão relativa de valor de uma mercadoria
É sempre a expressão de equivalência entre duas mercadorias",
Mediadas pela quantidade de força de trabalho igual despendida.

O preço já foi expresso em prata, em ouro,
Mas agora ele se desmaterializou por completo,
Se autonomizou.

Não representa mais que um pedaço de papel
e curso forçado pelo Estado.
Está implícito em um cartão de débito, numa transação digital.

Ainda assim é o representante de toda força de trabalho despendida,
De riqueza abstrata por excelência!
(Estranho não!?)

E tudo historicamente necessário
Foi o estabelecimento de um padrão
monetário.
Logo, foi socialmente instituído,
Não nascera já um DEUS.

MERCADORIA V

No cerne da produção, duas faces se
entrelaçam,
O trabalho concreto e o trabalho abstrato.
O trabalho concreto, tangível e palpável,
Manifesta-se na criação de algo notável.

Com mãos habilidosas e destreza singular,
O trabalhador transforma materiais em
utilidades sociais.
É o esforço individual, concreto e
específico,
Que traz à vida o valor de uso, único e
autêntico.

Mas na sociedade capitalista que se
expande,
O trabalho abstrato se ergue, omnipresente.

Medido pelo tempo alheado da força produtiva do trabalho social e não individual,
É nele que se esconde a essência substantiva.

O trabalho abstrato, homogeneizado e despersonalizado,
Torna-se a base da exploração, do lucro acumulado.
É o trabalho humano transformado em valor e mais-valor,
O trabalho convertido em mercadoria qualquer, suor e sangue.

Mas a propriedade da força trabalho
Não é ser qualquer mercadoria,
É ser mercadoria que gera a subsistência do trabalhador e o lucro do capitalista;
Uma espécie de servidão consentida
Em troca de uma liberdade fictícia.

No sistema do capital, é o trabalho abstrato que reina,
Determinando os preços, controlando a totalidade e os grilhões dessa cadeia.
O trabalhador alienado, roubado de seu tempo de vida e do produto de seu trabalho, despojado de sua essência,
Vê seu tempo e esforço explorados pela ganância infinita do capital.

Trabalho concreto e trabalho abstrato,
Dualidade?
Não! Contradição de relações sociais
materiais reais do sistema do capital.

TROCAS E O DINHEIRO

O processo de troca duplica a mercadoria,
Ela é agora ao mesmo tempo mercadoria e
dinheiro.

Ela é valor, resultado do trabalho.
É também valor de uso, como utilidade
social
Ao mesmo tempo é também valor de troca:
Mera expressão de uma mercadoria em
outra mercadoria
Que assumiu a forma dinheiro.

E o dinheiro?
Um símbolo, uma expressão universal do
valor de todas as mercadorias.
Essa mercadoria que se tornou única,
Separada de todas as outras,

Para expressar todas as outras no mundo
das mercadorias.

Um valor que não é mais valor de uso,
Um valor que se tornou distinto
Do valor gerado no processo de trabalho.
Um valor que que se tornou distinto,
Não apenas de seu próprio valor de uso,
Mas de qualquer valor de uso.

O que são os trabalhadores assalariados no
processo de troca?
Apenas representantes da mercadoria força
de trabalho.
("Apenas máscaras econômicas das relações
econômicas")

Os trabalhadores assalariados se tornaram
também mercadoria.
Qualquer pessoa e qualquer outro corpo de
mercadoria
Conta apenas como forma de manifestação
de seu próprio valor (de troca).

A moeda-mercadoria é assim.
Eis a sua natureza:
"Niveladora e cínica de nascença".
"Se encontra sempre pronta a trocar não só
sua alma,
Mas também seu corpo
Por qualquer outra mercadoria".

"Ela não é valor de uso para o seu dono.
Ela precisa universalmente mudar de mãos."
"Na troca elas se relacionam umas com as outras como valores e realizam-se como valores."

****

Olá! Eu sou o representante universal de todas as mercadorias:
Eu me chamo dinheiro.
Nasci como qualquer outra mercadoria.

Mas, como sou durável,
Como sou divisível,
Como posso ser guardado sem perder "valor",
Sou aceito em qualquer parte ...
Tornei-me a mercadoria das mercadorias.

Foi a ação social de todas as outras mercadorias,
Ao me excluir, que me tornou dinheiro.
("Forma de equivalente socialmente válida").

É a minha função social como equivalente universal das trocas que todos festejam.

Mas, a minha verdadeira função social é
servir de instrumento de acumulação e
cobiça,
De expropriação e exclusão,
De privilégio para poucos
E necessidades insatisfeitas para
                    muitos,
                        milhares,
                            bilhões...

Eu sou o "cristal monetário",
O produto necessário do processo de troca.
Tenho o poder de comparar entre si todos
os diferentes produtos do trabalho.
Transformá-los em mercadorias,
Sem alma e sem pudor.

O valor de uso não mais me interessa,
Só me interesso pelo valor de troca,
Pelo movimento do mercado e o que nele
posso acumular.
Não ligo para as necessidades sociais,
Somente para o que você pode pagar para
me possuir, possuir coisas, qualquer coisa.
A natureza que se dane!

A metamorfose dos produtos do trabalho
em mercadorias é a minha origem.
Eu sou o espalhamento da relação de
alheamento mútuo entre os homens.

Eu começo onde as comunidades terminam.
Eu separo a utilidade das coisas da necessidade imediata das coisas meramente para as trocas.
Eu torno o costume uma grandeza de valor meramente monetário.
Eu sou a forma-dinheiro encarnada nas mercadorias.

Eu já fui sal,
Já fui couro,
Já fui gado.
Fui escravo,
Já fui ouro,
Já fui prata,
Fui papel.

Hoje eu apenas SOU ...
(o DEUS supremo dos seres humanos).

Apartado da mercadoria,
Eu existo independente de tudo e todos.
Invisível, assim mesmo, fictício, digital ...

Eu apenas SOU e todos dependem de mim e só a mim obedecem.
Valor que se valoriza, mandando e desmandando,
Um velho-novo DEUS.

Eu sou o "invólucro reificado do trabalho humano".

Eu sou um ser mágico: reifico as relações sociais.
Tornei-me independente do controle e da ação consciente dos seres que me criaram.

Eu sou a um só tempo: medida dos valores;
Meio de circulação; meio de pagamento e Dinheiro mundial.
Também sou fetiche de entesouramento e sou instrumento de acumulação.

O que eu gosto mesmo de ser é instrumento de acumulação.
Aí, sim, eu causo desgraças de todas as ordens, tipos e intensidades.

"Enquanto o valor de troca for a forma social dos produtos",
É impossível me eliminar.
A mim ... E a toda sorte da expansão "desigual e combinada" que proporciono ao desdobramento do capitalismo.
(Produção e reprodução ampliada de capital).

Eis agora o que eu sou!
"Existência sensorial e objetiva" de toda alienação humana: o fetiche supremo.

Depois de tão singelo e inocente começo,
Como Marx, assim, um dia me notou:
De produto ou atividade me tornei
mercadoria;
De mercadoria, valor de troca;
De valor de troca, dinheiro;
De dinheiro, capital.

TROCAS E O DINHEIRO I

No palco do comércio, onde as transações se fundem,
O processo de troca se desdobra.
As mercadorias se encontram em sua busca
pelo seu próximo dono.
Nesse teatro efêmero,
De movimento e cor,
Determinado e determinante do
desenvolvimento da divisão social do
trabalho e da especialização da produção.

No ritual da troca,
As mercadorias se ofertam,
Através das máscaras econômicas vestidas
pelos seres humanos.

O dinheiro, protagonista desse encontro,
Como mediador universal, estabelece o confronto.

O dinheiro, personificação do poder abstrato,
Expressão máxima do valor, símbolo exato.
Ele comanda a dança das mercadorias no mercado,
Determinando os preços,
O fluxo do comércio e seu resultado.

Mas cuidado, pois o dinheiro não é apenas meio,
Ele assume uma força própria, um devaneio.
A acumulação de capital, sua busca incansável, pelo capitalista.
Enquanto o trabalhador assalariado se esforça, seu suor insustentável,
Mas somente adquire dinheiro suficiente para sua reprodução enquanto força de trabalho: esta é a sua vida.

Na sociedade capitalista, o dinheiro reina,
Reproduzindo no tempo
A desigualdade e a dor,
A exploração e a exaustão de recursos naturais.
Nas mãos dos burgueses, concentra-se o poder,

Enquanto o proletariado come o pão que o diabo amassou, sem poder escolher.

No palco do comércio e nas mãos do dinheiro,
Marx enxerga as contradições com olhar certeiro.
Troca e dinheiro e produção, entrelaçados nesse enredo,
Conduzem-nos a refletir sobre nosso próprio credo.
Em busca de um mundo onde a dignidade ressurja,
Onde humanismo e humanidade sejam a verdadeira moeda.

DINHEIRO

Eu resolvo as contradições ocultas
Entre trabalho privado e trabalho social.
Eu resolvo, mas não as desfaço.

Eu apenas elevo a contradição a outro nível,
Quando me converto em mercadoria.
(Trate-me, com reverência,
Afinal eu sou um DEUS)

Na verdade, eu não resolvo contradições,
Nem tenho como resolvê-las.
Eu apenas forneço um meio
Delas moverem-se,
Pois são contradições reais, fenomênicas.

Eu simplesmente SOU:
Eu alcanço objetivos para depois negá-los;
Torno-me autônomo em relação a qualquer
mercadoria e pessoa;

Passo de meio a fim em um piscar de interesses.

Realizo o valor de troca das mercadorias,
Mas não estou vinculado a elas;
Facilito as trocas,
Não sem antes introduzir nelas um elemento de cisão –
(Entre valor de uso e valor de troca).

Supero as dificuldades da troca imediata de mercadorias,
Somente para depois generalizar tais dificuldades.

(Porque trago dentro de mim
Sempre a possibilidade de crise:
Desproporção entre oferta e demanda).

Autonomizo a troca em relação aos produtores,
Ao mesmo tempo em que esses se tornam dependentes de mim.

Por tudo isso EU SOU!!!
Eu sou o representante de DEUS na terra,
O representante de nosso DEUS CAPITAL!!!

A minha Santíssima Trindade é assim tal:

MERCADORIA-
    DINHEIRO-
        CAPITAL.

DINHEIRO I

No mundo do capital, o dinheiro se ergue,
Com suas funções e contradições, a todos
submete.
Ele é a alma do sistema que domina,
Transformando vidas, criando onde toca
ruínas.

O dinheiro como meio de troca,
Facilita transações, conexões que se
movem.
Compra e venda, valor em movimento,
Relações que moldam o curso de cada
evento humano.

O dinheiro como reserva de valor,
Acumulada riqueza, poder e fulgor.

Guardado e preservado, ele se multiplica
nas mãos do emprestador.

O dinheiro como medida de valor,
Atribuindo preços, ditando o seu teor.
Determina o valor das mercadorias no
mercado.

Mas no cerne dessa estrutura monetária,
Revelam-se contradições, uma luta diária.
O dinheiro, nas mãos dos poucos
poderosos,
Alimenta a injustiça e a exploração do
trabalho social,
Um poder venenoso e desumano.

Os ricos acumulam, cada vez mais,
ganhando o que gastam,
Enquanto os trabalhadores vivem gastando
o que ganham.
O dinheiro, nesse jogo desigual,
É instrumento de opressão, um vendaval do
moinho satânico do capital.

TRANSFORMAÇÃO DO DINHEIRO EM CAPITAL

No capítulo que desvela a realidade do
mundo da produção capitalista,
O dinheiro se transforma em crueldade.
Marx, com sua visão crítica e profunda,
Nos conduz pela história que nos afunda
enquanto humanidade.

O dinheiro, símbolo de trocas e valores,
Na sociedade capitalista, traz sofrimento a
meio mundo de pecadores.
Pois quando se converte em capital,
Cria um ciclo vicioso, injusto e fatal.

O capital, sedento por acumulação,
Explora o trabalho, a exploração em ação,
Transforma o trabalhador em mercadoria,
Extraindo dele mais-valia, trabalho não-pago.

O dinheiro, que outrora era meio de troca,
Agora aprisiona e extrai excedente de forma indevida,
No ciclo perverso da produção capitalista,
Da força de trabalho, trabalhadores alienados de seu próprio ser social.

O operário, vendendo sua força de trabalho,
Enriquece o capital, num jogo sombrio e arcaico.
Enquanto a classe dominante acumula riqueza,
A classe trabalhadora vive para servir o capital.

No vasto reino do capital, três formas se destacam,
O mercantil, o industrial e o bancário, que se enlaçam.
Três facetas complexas do mesmo sistema trino,
Onde a acumulação e o lucro se tornam divino.

O capital mercantil, como ponto de partida,
Engendra a busca incessante por
mercadorias.
Compras e vendas movimentam os
negócios com fervor,
O comércio, a circulação, a busca por poder
econômico, é tudo que interessa.

O mercador, hábil negociante e estrategista,
Compra barato e vende caro.
O lucro é sua meta, o movimento é
incessante,
Atravessando fronteiras, em busca de ganho
constante.

Mas o capital mercantil almeja crescimento,
Parte-se, transforma-se, então, em capital
industrial, em suplemento.
Nas fábricas e nas máquinas, a produção se
desvela,
O valor é criado, a riqueza material se
revela.

O capital industrial é o coração da
produção,
Onde matérias-primas e trabalho assalariado
se tornam riqueza em profusão.
Máquinas zumbindo, trabalhadores
incansáveis,
Criando valor, gerando riqueza inegáveis.

No âmago do capital, surge o capital bancário, do amago diluviano do empréstimo usurário.
O domínio financeiro, poder extraordinário.
O dinheiro, o poder nas mãos dos poucos,
Empréstimos, investimentos, jogos de lucros loucos.

O capital bancário, controlando a economia,
Especulações, investimentos, numa ciranda de insanidades.
Os bancos, senhores do dinheiro e do poder,
Manipulam a riqueza, influenciam a expansão do sistema ao seu bel-prazer.

No entrelaçamento dessas formas de capital,
Relações de poder e exploração se revelam na totalidade social.
Os capitalistas, donos dos meios de produção, da política, do poder e do Estado,
Acumulam riquezas, geram desigualdades e crescentes contradições no próprio sistema demonizado.

No seio do capitalismo, o conflito emerge,
A luta de classes, a resistência que se insurge.

Enquanto o capital busca acumular sem trégua,
A classe trabalhadora busca uma vida menos árdua.

O capital mercantil, industrial e bancário,
São pilares que sustentam um sistema maléfico e destrutivo.
Mas na tessitura do tempo e da história,
Estamos na luta por um mundo mais justo e humano,
Onde o capital não seja mais o senhor soberano.

TRANSFORMAÇÃO DO DINHEIRO EM CAPITAL I

Na sociedade capitalista, ao mesmo tempo e
de forma tal,
Os produtos se convertem em mercadorias.
E as mercadorias
Se convertem em produtos do capital.

Capital, o que tu és?
De onde vem tanta força
Para sobrepujar a humanidade inteira aos
teus designíos?

Eis, o Sr. Capital:

– Eu sou o resultado do egoísmo humano
Da soberba e da ganância,

Da vontade humana de dominação a tudo e a todos.

– Eu sou o valor em sua forma mais sofisticada.
Sobrepujei o próprio valor,
Transformando-o de produto do trabalho em mercadoria rentável.
– De mercadoria me transmutei em moeda,
Depois em dinheiro.

– Agora atuo como mera
"determinação abstrata".
E todos os agentes econômicos devem a mim se vincular se quiserem prosperar.
(Um valor que se valoriza incessantemente)

– O preço é o meu mediador,
E tudo o que você precisa saber
É que ele está representado no dinheiro

– Eu inverto o valor,
Converto a apropriação do próprio trabalho
Em apropriação privada do produto social.

– Eu sou a separação do produtor direto dos seus meios de produção e subsistência.

– Eu sou uma relação social.
A relação social capital.

De um lado eu tanto produzo como sou
produzido pelo capitalista.
De outro,
Converto   produtores   diretos   em
trabalhadores assalariados.

(Àqueles que não tem nada a vender
Além da sua própria força de trabalho;
Como Marx dizia, o proletariado)

– Eu nasci como capital mercantil,
Eu comprei barato e vendi caro.
– Juntei muito dinheiro,
Mas ainda não era capital propriamente
dito.
– Somente me tornei capital
Quando além de ser mercantil
Tornei-me também industrial
Quando penetrei profundamente na esfera
da produção.

– Revoguei o artesanato
Destruí a manufatura.
Criei um galpão e me servi de trabalho
assalariado para executar meus objetivos.

– Mas só com o vapor que pude me impor
em definitivo.
– Passei de determinado a determinante
De todas as relações sociais,

De todas as formas de circulação,
De produção e de distribuição.

– Foi com o vapor que pude subsumir o
trabalho de forma completa,
Transformando a "subsunção formal"
"subsunção real".

– O pobre trabalhador assalariado não teve
a menor chance.
A mecanização pegou pesado.
Não era mais ele que controlava o processo
de trabalho.
A grande indústria mecanizada é assim.

Eu não dependia mais de nenhuma
habilidade humana de qualquer natureza.
A não ser dos inventores e construtores de
máquinas, já sob o meu comando.

– Com a mecanização pude empregar
qualquer um no processo de produção,
Principalmente mulheres e crianças.

– Ah! Que glória!
Era muito fácil
Grandes lucros, grandes negócios,
A custa de milhares de mortes,
De homens mulheres e crianças.
Em minas, confecções, transportes,

Química, metalurgia.
Não importa,
São só colaterais do progresso,
De minha acumulação desenfreada.

– O processo de produção é a minha mina
de ouro
A minha galinha dos ovos de ouro.
Pago por subsistência do trabalhador e
recebo um excedente muito maior que
àquele valor.

– Criei uma "ficção jurídica"
Para esconder meus objetivos.
O trabalho foi bem-feito,
Esperava que ninguém descobrisse.

– Ah! Mas muito cedo fui descoberto.
Fiz algumas concessões.
É certo.
Mas cá estou, transformado e
transformando, firme e forte.
Globalizado e financeirizado,
Trazendo riqueza para poucos
E exclusão social para milhares.

– Fazendo o que melhor sei:
Explorar o trabalho humano e concentrar
riqueza abstrata nas mãos de capitalistas

— Foi um tal de Marx,
Ele me descobriu.
Não só na superfície, como fizeram os clássicos.
Ele me descobriu na minha mais profunda essência.
Não sei como, mas ele descobriu:
O que eu sou e o meu segredo:
EXPLORAÇÃO, MORTE E DESTRUIÇÃO.

TRANSFORMAÇÃO DO DINHEIRO EM CAPITAL II

No universo do comércio e da troca,
A força de trabalho entra na roda,
Como mercadoria, vendida e comprada,
No ciclo incessante da busca do lucro
Por Marx desvendado.

O trabalhador, dono de sua habilidade,
Oferta sua força, buscando dignidade,
Mas na lógica do sistema do capital,
Seu trabalho se converte em trabalho não
pago.

A compra e venda da força laboral,

É o alicerce de um sistema desigual,
O operário, alienado de seu produto,
É explorado pelo capital, em absoluto.

O dinheiro, então, adquire seu poder,
Transformando-se em capital, sem se deter,
Explorando o trabalho, gerando mais-valor
na forma de trabalho não pago,
Enriquecendo a classe dominante a cada
dia.

O trabalhador, peça vital nesse jogo,
É submetido ao jugo dos grilhões do
capital.
Seu tempo, sua energia, seu produto, sua
vida,
São explorados e dele alienados sem
medida.

A compra e a venda da força de trabalho,
Revela as contradições desse sistema falho,
Mas a luta persiste por um mundo mais
humano,
Onde o valor do trabalho seja soberano.

TRANSFORMAÇÃO DO DINHEIRO EM CAPITAL III

Na complexa engrenagem do sistema capital,
Um paradoxo se desdobra, impessoal.
A força de trabalho, combustível vital,
Produz seu algoz, o capital,
De forma e de poder colossal.

O trabalhador, com mãos calejadas e suor no rosto,
Entrega seu tempo e esforço, ponto a ponto, dia a dia.
Na busca pela subsistência e sustento diário,
Ele se lança no ciclo, nesse julgo necessário.

Sua força laboral é o fio condutor,
Que impulsiona a produção, com vigor.
Mas é nessa relação desigual e perversa,
Que a exploração surge em sua face
adversa.

O trabalhador cria valor, gera riqueza,
Porém, é o capitalista que colhe sua
grandeza.
Seu trabalho é convertido em mercadoria,
Vendido ao capital, em troca de uma
remuneração friamente desumana, pois
meramente residual.

Enquanto o trabalhador se esforça e se
desgasta,
O capitalista acumula riquezas vastas.
A exploração se alimenta desse paradoxo,
O trabalhador constrói sua própria esfola.

Seu labor, transformado em mais-valor,
Enquanto o capital se fortalece sem
nenhum pudor.
O trabalhador, em sua luta pela
sobrevivência,
Contribui para a consolidação de sua
opressão sem clemência.

TRANSFORMAÇÃO DO DINHEIRO EM CAPITAL IV

Apresentamos novamente
O Sr. Capital.

– Alguns dizem que existi,
Em todas as formas de sociedade.
– Disseram que eu era apenas trabalho
acumulado,
Que servia só de meio para um novo
trabalho.

– Os clássicos me viam assim:
Harmonioso, idílico, natural.

– Acho que os enganei direitinho.
Se assim o fosse eu seria a-histórico.

Se assim o fosse,
Cada membro do corpo humano seria
capital,
Pois cada um "deve ser não só
desenvolvido,
Mas também nutrido e reproduzido
Pela atividade, pelo trabalho, para poder ser
eficaz".

("Capital seria só um novo nome
Para algo tão antigo como o gênero
humano").

– Eu não sou a-histórico,
Tenho data de nascimento, mãe e pai.

– A minha infância é todo o período
mercantilista.
A minha primeira infância é a generalização
das trocas mercantis.

(Ah! Na Inglaterra isso foi tudo tão claro,
Lá a minha infância foi uma aventura,
Um salto mortal por sobre toda a ideia de
humanidade).

– Eu e a Acumulação Primitiva.
– Olá! Eu me chamo acumulação.
Já me chamaram de primitiva, não importa.

– No fundo sempre fui um processo de concentração
E geração de desigualdade econômica entre os seres humanos.

– Originei-me do excedente. Isso mesmo!
Aquela parte do que você produz e não consome.
Não só você, uma cidade, um país inteiro, todo o planeta terra.

– Um excedente se transforma constantemente,
Em consumo adicional de privilegiados que o concentram.
Em nova capacidade produtiva,
Novos meios de produção,
Novas estradas e pontes, infraestrutura global.

– Como acumulação não sou nada de inocente
Posso ser muito violenta,
Principalmente sendo extraeconômica,
Como quando era primitiva.
Mas, modernize-me, realizo-me pelo mercado,
Pelos imperativos do capital.

– E o capitalismo assim me fez e assim eu
fiz o capitalismo.

– Dizem que depois da grande indústria
mecanizada,
Com os desdobramentos da Revolução
Industrial Inglesa,
A partir da construção ferroviária,
Eu não exerci mais tanta violência.

– Eu passei a realizar o lucro pelo mercado.
Sabe pelos processos de compra e venda.

– Eu passei a ser somente acumulação, via
mercado.
Mas se alguém disser que o mercado não é
violento,
Duvidem.
Reproduzir sempre capitalistas, de um lado
E trabalhadores assalariados, de outro,
Já é em si um ato de violência, de exclusão.

– Enganei e engano muita gente.
Em processos de rápida expansão
capitalista,
Em períodos de crise,
Na guerra,
A violência é a minha marca,
É de minha natureza.

– Dizem também que eu e o Sr. Capital
Atingimos a maioridade com a grande
indústria mecanizada.
E, então, nós nos casamos.
Isso mesmo, nos casamos, na Inglaterra.
Mas, nossa lua de mel foi pelo mundo
inteiro,
Colonizando, destruindo e explorando.

– Como presente de casamento dei ao Sr.
Capital a Autonomização.
Agora ele é assim, Sr. Capital
autonomizado.

Sr. Capital.

– Esse foi o melhor presente que eu
poderia receber.
Você me tornou um Deus.
Posso governar a humanidade por muito
tempo:
Explorando,
Polarizando,
Destruindo.
Plantando cismas e iniciando guerras.

– A minha autonomização é assim!
A Sra. Acumulação quando promove o
progresso técnico
Torna redundante a força de trabalho:

Assim, o mercado de trabalho sempre me é favorável.
A parte da força de trabalho que não preciso mais dispenso.
Alguém chamou de "exército industrial de reserva".
Mas, eu nem ligo.

– A Sra. Acumulação,
Ainda se utilizando do progresso técnico,
Barateia produtos e matérias-primas.
Assim, cria e amplia mercados.
Não preciso mais esperar que eles apareçam.
Ela me torna os mercados sempre favoráveis aos meus interesses.

– Internalizei o Progresso Técnico.
Contratei cientistas e técnicos.
Descobri que eles poderiam criar e inovar de forma continuada,
Encontrando soluções para me deixar sempre jovem,
Sempre viçoso,
Sempre expansivo, apesar das minhas crises.

– Assim, é a minha autonomização.
Limitada apenas por minha própria maldição,

Uma fome infinita de dinheiro novo até minha própria indigestão.

TRANSFORMAÇÃO DO DINHEIRO EM CAPITAL V

O capital não é uma coisa,
Como pensavam os clássicos.
 O capital é um processo.
É um valor resultado de um certo tipo de relação social.
Valor que se amplia incessantemente
Em proveito de poucos, a partir da labuta de muitos.
("O valor de troca já desenvolvido no movimento da circulação").

O consumo em termos do que é valor de uso não constitui o seu objetivo final.
Muito menos os interesses sociais,
À coletividade.

É na terceira determinação do dinheiro que a mágica se faz:
"É um produto da circulação [...]
Que se tornou independente dela".
O "dinheiro como capital",
"O valor de troca desenvolvido"

Mas, "O valor não surge do valor".

O capital precisa lançar o valor em circulação,
Comprar meios de produção,
Contratar força de trabalho.
Combiná-los no processo produtivo
E os lançar como nova mercadoria
Na esfera da circulação,
A fim de obter um valor acrescido.

Assim, o capital não nasce na circulação,
Mas ele precisa dela para se realizar como capital.
Ele não se dissipa como mero meio de circulação.
Ele não se coagula como tesouro.
Ele é processo,
Processo de valorização, multiplicação de valores.
Por natureza, um valor que cria mais-valor.

Ele não pode criar mais-valor

Nem na circulação,
Nem na distribuição.
Isso só pode ser realizado na produção,
transformação.

É no dispêndio do trabalho vivo,
O dispêndio da força de trabalho,
Único fator produtivo que cria valor.
Transformador de natureza em utilidades
sociais, materialidades do valor.

Para produzir valor o capital tem se se
apropriar de trabalho vivo.
Assim é a originalidade da mercadoria força
de trabalho no processo produtivo;
Criação de valor e excedente.

"A primeira premissa da relação capital é o
fato
De que o proprietário do dinheiro,
O capitalista,
Pode trocar seu dinheiro
"Pela capacidade alheia de trabalho,
Transformada em mercadoria""[5].

O valor de uso da força de trabalho
assalariada,
Gera um valor muito maior
Que aquele pelo qual foi contratado, salário.

No mercado de trabalho se encontram
capitalistas,
Donos do dinheiro e dos meios de
produção,
E trabalhadores, proprietários somente da
sua força de trabalho disponível
diariamente.

Estabelecem um contrato de acordo com as
regras de mercado,
Troca de equivalentes.
Trocam equivalente por equivalente.

(O salário definido pelo mercado = jornada
de trabalho disponibilizada pelo
trabalhador,
Segundo as regras do empregador).

O salário definido pelo mercado,
Geralmente, salário de subsistência.
Aquele que não deixa ninguém viver,
Mas também não deixa ninguém morrer
imediatamente.

Estão postos os problemas da questão do
capital,
Da geração de valor e de mais-valor
E da consequente exploração do trabalho
social.

Não é na esfera da circulação

Nem na esfera da distribuição
Que a mágica acontece.
É na esfera da produção.

(Embora as esferas da circulação e da distribuição,
Necessárias sejam,
Para a mágica da valorização do valor acontecer).

A mágica acontece durante o uso da força de trabalho
Durante a jornada de trabalho no processo de produção.

Durante a jornada de trabalho
O valor produzido pelo trabalhador assalariado,
É muito superior ao salário por ele recebido, estabelecido pelo mercado.
Existe mesmo uma parte da jornada de trabalho que não é paga,
É trabalho excedente do salário de mercado,
Mesmo retirado o lucro e os custos empregados.

A essa diferença
Proveniente da diferenciação
Entre o que é trabalho e força de trabalho,
Marx denominou de mais-valor.

O fundamento do excedente produtivo,
Transformado em lucro quando a
mercadoria é vendida no mercado;
Essência do processo de acumulação
privada da riqueza social.

Muitos podem argumentar, e argumentam,
Que isso é natural,
A empresa tem de dar lucro para funcionar.

O que muitos não percebem,
É que isso representa bem,
Um processo histórico de exploração,
Mais brutal que em qualquer outro modo de
produção.

Se assim não o fosse,
Não teríamos um mundo de tão poucos
privilegiados,
Um mundo econômico tão brutal,
De milhares de necessitados de toda sorte,
De saúde,
Educação,
E moradia.
De lazer,
Cultura ...
De humanização.

O excedente é uma necessidade social,
De reprodução social,

Modernização e de ampliação de estruturas
produtivas da Sociedade.
O mais-valor é exploração do trabalho
social.
Exploração disfarçada nas relações de troca
de equivalente por equivalente,
Somente existe na ficção da esfera da
circulação.

O segredo da exploração está na produção,
No trabalho não-pago.

(Como dizia Michal Kalecki
"Se os trabalhadores gastam toda sua
renda,
O mesmo não acontece com os capitalistas
[...]
O montante do lucro auferido pelos
capitalistas em conjunto
Vai depender do quanto eles mesmos
gastam
Na compra de bens de consumo e de
investimento")[6].

"Os trabalhadores gastam o que ganham
E os capitalistas
Ganham o que gastam".

"O valor de uso de uma coisa
Não diz respeito ao vendedor como tal,
Mas só ao comprador".

"No modo de produção capitalista,
O trabalhador só dispõe de sua capacidade de trabalho,
Que coincide com sua personalidade;
Todos os meios para a objetivação de seu trabalho
Pertencem ao capital [...]

Por isso a força produtiva de seu trabalho
Tampouco pode beneficiá-lo
Mas sim ao capital [...]"[7]

Dessarte, o processo de produção no capitalismo
É ao mesmo tempo
Produção e reprodução,
Produção e acumulação,
Produção e exploração,
Produção, de um lado, de capitalistas
E, de outro,
De trabalhadores assalariados,
Incessantemente.

MAIS-VALOR

No coração do sistema que subjuga,
A teoria do mais-valor se insinua,
Marx, com sua voz incisiva e lúcida,
Desvenda o mecanismo que nos ilude.

O mais-valor, essência do capital,
É fruto da exploração, injusto e desigual,
O trabalho excedente, que vai além,
Enriquece a burguesia, desmerece as
maiorias.

Nas fábricas escuras, nas horas sem fim,
O trabalhador doa seu suor sem fim.
Mas o valor que produz, ó amargo
tormento,
Ultrapassa seu salário, é um triste lamento.

O capital, então, se apropria com avidez,
Do mais-valor gerado, sua cobiça e altivez.
E assim acumula riquezas e poder,
Enquanto o trabalhador luta apenas para sobreviver.

A teoria do mais-valor desnuda a exploração,
A ganância voraz que permeia as nações.
O trabalho humano reduzido a mercadoria,
E o capital em busca de sua voraz glorificação.

MAIS-VALOR I

Eu sou o mais-valor
Também me chamam de trabalho não-
pago.

Sei que é difícil entender.
A vida toda você ouviu falar
Que todo trabalho é remunerado.
Os clássicos e os neoclássicos da Economia,
Assim afirmaram e afirmam.

Para os clássicos cada fator de produção
tem uma remuneração.
E no final,
Todos são remunerados de acordo
Com a sua participação
Na totalidade da produção.

O capitalista recebe, lucro.
O dono da terra, aluguel fundiário.

O trabalhador assalariado, salário.
(Mas o dono desse diário,
Não recebe nenhum brocado).

Os neoclássicos são mais sofisticados
Pensam em termos de margens.
Para eles todo resultado do produto se
esgota na distribuição.
Não existe mais a figura do excedente
Como existia nos clássicos.

A caixa de Edgeworth é um "ótimo"
exemplo dessa forma de distribuição.
Ninguém pode melhorar sua situação sem
piorar a situação de outro.
Não importa o tamanho da desigualdade
econômica,
Não importa as condições de vida da
maioria da população,
Não importa os níveis de concentração da
riqueza social.

Assim, apesar de me negarem eu existo
como trabalho não-pago.
Posso não ser fácil de medir
Nem de estimar.
Mas, apesar dos neoclássicos, existo.

Se eu não existisse não existiria
desigualdade econômica entre sujeitos
sociais,

Nem rico, nem pobre,
Tampouco   desenvolvimento   e
subdesenvolvimento.
Se eu não existisse não existiriam os
conceitos de riqueza e de pobreza
Como os conhecemos.

Podem me negar o quanto quiserem,
Mas eu insisto, eu existo.

Estou além do lucro,
Eu sou a própria exploração do trabalho do
outro.
Eu sou a razão da separação entre riqueza
social e apropriação privada.
Eu sou o mais-valor,
A essência da aparência.

MAIS-VALOR II

No cenário vasto do capitalismo em ação,
A poesia se ergue em forma de explanação.
Marx, com sua análise profunda e afiada,
Desvenda os segredos dessa sociedade desvairada.

O capital, figura onipresente e ávida,
Rege a produção e a busca incessante pelo lucro.
A produção do mais-valor absoluto se revela,
No trabalho excedente que o aumento da jornada de trabalho impulsiona.

Nas fábricas escuras e nas lavouras extensas,

O trabalhador se esforça, sua energia imensa.
Mas o valor de seu trabalho, ó cruel engano,
Excede o valor de sua subsistência,
Mas se torna propriedade do capitalista.

O capital, então, se apropria com avidez,
Do mais-valor gerado, com fria altivez.

Mas a produção do mais-valor absoluto não basta,
O capital busca formas mais astutas e vastas.
A produção do mais-valor relativo se instaura,
Através da tecnologia e inovação impulsionadas pela própria concorrência entre capitais em ação.

Máquinas e automação, o avanço acelerado,
Reduzem o tempo de trabalho,
O trabalhador, desvalorizado, subjugado,
Perde sua essência, torna-se ser alienado e estranhado.

MAIS-VALOR III

Eu já fui mais-valor absoluto.
Era assim enquanto a produção era
manufatureira.
Primeira forma histórica de produção
capitalista.

Enquanto o ritmo do processo de trabalho
Era ainda controlado pelo próprio
trabalhador,
Eu, mais-valor, era limitado.
O meu tamanho dependia exclusivamente
Da extensão da jornada de trabalho.
Então, era limitado pela quantidade de
trabalhadores existentes,
Pelo limite físico deles,
Assim, também limitava a expansão do
processo de acumulação.

Dependia do grau de civilização de uma
sociedade,

Do quanto e de que tipo de exploração era aceitável socialmente.

A mecanização me tornou relativo.
Sou agora mais-valor relativo.
Determino a forma e a direção do progresso técnico.

O trabalhador assalariado produz uma quantidade maior de produtos em menor de tempo que sem a mecanização.
O tempo de trabalho não-pago aumenta sem alterar a extensão da jornada de trabalho.

"O que, do ponto de vista do capital, é mais-valia,
Do ponto de vista do trabalhador é mais-trabalho,
Trabalho que supera a necessidade de manter a sua vida".

Apesar das ideias burguesas de igualdade, liberdade e justiça.
"Assim como os modos anteriores de exploração,
Também o modo dominado pelo capital
Se baseia no mais-trabalho do produtor direto"[8].

É claro que eu ainda existo na minha forma absoluta.
Mas minha forma relativa é altamente dinâmica.
Tornando o processo e a vontade de acumulação de capital praticamente infinitas.

"Só dessa forma o capital consegue
Impulsionar constantemente o desenvolvimento das forças produtivas materiais
E colocar o progresso social a serviço da riqueza"[9]

LEI GERAL DA ACUMALAÇÃO CAPITALISTA

Riqueza abstraída e privatizada
E uma imensa coleção de valores de uso.
Eis a minha natureza.
De pura acumulação capitalista.

Na minha avidez por mais-trabalho,
Fonte primordial da qual eu me alimento,
Substituo trabalho vivo por trabalho morto,
Fonte do aumento de produtividade.
E de vantagem sobre rivais no mercado.

Sei que contradigo a mim mesmo,
Pois é o trabalho vivo que produz valor.
Trabalho morto é trabalho cristalizado,
Trabalho passado, que apenas se transfere

Para o valor do novo produto.
Sem embargo, contradição é a minha
primeira do capital.

Olá! Eu sou a "composição orgânica do
capital".
Eu sou responsável pelo exame
Da influência que o aumento do capital
exerce sobre a classe trabalhadora total.

Eu posso ser medida em termos de valor.
Então, me chamam de composição do valor
do capital.

Eu também posso ser medida em temos de
quantidades físicas.
Quando assim estou,
Tratam-me como composição técnica do
capital.

Nesse meu estado relaciono a massa
Dos meios de produção e de trabalho
Necessárias para uso do capital.
Então, aí eu sou uma medida de
produtividade.

De qualquer forma
Eu sou uma relação,
Divisão entre capital constante e capital
variável, nessa razão.

Capital constante,
todas as máquinas, construções ...
Toda infraestrutura necessária ao processo
produtivo no capitalismo,
O capital morto.

Capital variável,
Simplesmente trabalho assalariado.
Simples assim.

Ao longo da história do capitalismo
A acumulação amplia o capital constante
De forma mais que proporcional
Ao capital variável.
(Leis coercitivas da concorrência capitalista,
o darwinismo do capital)

Os capitalistas no processo de concorrência
se digladiam
Os capitais maiores se apropriam dos
capitais menores,
Processo de concentração de capital.

Os capitalistas também reúnem seus
capitais em um único empreendimento.
Formam monopólios, oligopólios ...
Grandes conglomerados econômicos,
Centralização de capitais

A estrutura econômica do mundo hoje é
assim.

O processo de acumulação não perdoa.
O imperialismo é o resultado.

Todos submetidos as vontades dessas
grandes organizações.
Tornam o trabalho redundante,
Desnecessária aos designíos da acumulação,
"Produção progressiva de uma
superpopulação relativa".

Se ontem uma empresa precisava de 1000
trabalhadores,
Hoje ela adquire uma nova máquina,
Produz, então, duas veze mais com menos
capital variável.
Amanhã 500 trabalhadores se tornarão
desnecessários.

Você pode questionar!

Dizer que esses trabalhadores serão
absorvidos
Por outros setores existentes ou setores
novos.
Não é assim no mundo real.
A parte da força de trabalho não absorvida
Marx categorizou como "exército industrial
de reserva",
Um colateral da acumulação infinita

Também um repositório de força de trabalho barata,
Para períodos de intenso crescimento econômico.
Uma forma de regular salários,
Sempre ao nível próximo de subsistência do trabalhador assalariado geral.

"E não poderia ser diferente,
Num modo de produção em que o trabalhador
Serve às necessidades de valorização de valores existentes,
Em vez de a riqueza objetiva servir às necessidades
De desenvolvimento do trabalhador".

"A acumulação do capital é, portanto, a multiplicação do proletariado".

"A produção de mais-valor é a lei absoluta desse modo de produção".

A lei geral da acumulação capitalista é isso:
Reprodução ampliada da exploração capitalistas, de um lado,
Reprodução dos assalariados, de outro

A lei geral da acumulação capitalista
Não é uma teoria do empobrecimento,
Como muitos atribuem.

A lei geral da acumulação capitalista
É uma constatação histórico-social.

Períodos de crescimento conduzirão
A existência de mais assalariados formais.
Sem, contudo, eliminar
"Diferentes formas de existência da superpopulação relativa":

Superpopulação flutuante –
Ligada ao trabalho industrial;
Superpopulação latente –
Ligada a transferência da população rural
para o proletariado urbano;
Superpopulação estagnada –
Parte da população sempre ligada a ocupações irregulares;
Superpopulação paupérrima –
Excluídos permanentemente do mercado.

Em períodos de crise muitos mais farão
Parte do exército industrial de reserva
Aumentado também a população paupérrima.

Em situações normais
Sempre haverá aqueles que não foram
Nem nunca serão incluídos no capitalismo,
Pauperismo.

Assim é a lei maior do capital.
A lei geral da acumulação capitalista.
E agora!
O que você vai fazer a respeito?

LEI GERAL DA ACUMALAÇÃO CAPITALISTA I

No imenso emaranhado de categorias e
relatos,
Nas páginas densas de O Capital,
Um capítulo se destaca, com suas labaredas,
Revelando a lei que impulsiona o capital.

A lei geral da acumulação capitalista,
Uma engrenagem voraz e implacável.
Movida pela ânsia de lucro e conquista,
Escravizando vidas em um jogo insondável.

Marx, com seu olhar crítico e afiado,
Analisa a natureza profunda desse processo.

Desvelando a essência do sistema capitalista,
Em sua busca incessante por "progresso".

A acumulação, como um monstro insaciável,
Exige do capital constante expansão,
Através da produção de mais-valor inescapável,
Que impulsiona a engrenagem da exploração.

As forças produtivas se multiplicam e avançam,
Tecnologia e ciência a serviço do capitalista.
Mas o trabalhador é alienado, oprimido, desvanecido,
Enquanto o capital acumula em sua vasta rede de dominação.

A acumulação de capital, fio condutor,
Das contradições que permeiam a sociedade.
O trabalho transformado em mercadoria, sem pudor,
Subjugado à lógica de lucro e da propriedade privada do capital.

Concentração e centralização, o fenômeno da expansão capitalista secular,

Grandes monopólios e oligopólios
emergem em seu esplendor.
O capital se concentra nas mãos de poucos,
Enquanto a maioria enfrenta um futuro de
opressão e de dor.

A lei geral da acumulação escancara a
desigualdade,
A exploração que permeia a produção,
A extração do mais-valor, base dessa
insanidade,
Que perpetua a injustiça, a opressão e o
horror.

ACUMULAÇÃO PRIMITIVA

No teatro da história, um ato obscuro,
A acumulação primitiva, feroz e violenta.
Marx, com sua pena incisiva e ardente,
Desvenda a face cruel desse poder latente.

A assim chamada acumulação primitiva,
Um processo vil, que nos enche de indignação.
Despojo, expropriação, violência opressiva,
Marcas profundas na construção do sistema capitalista.

Terras usurpadas, cercadas pelo poder,
Camponeses desterrados, sem ter onde viver.

Recursos pilhados, riquezas roubadas.
Enquanto uns se enriquecem, muitos são condenados.

A colonização, com sua fúria esmagadora,
Subjugando povos, impondo-lhes a servidão.
Culturas apagadas, memórias espoliadas,
Na teia da acumulação, um triste refrão.

Trabalho forçado, correntes a sufocar,
Escravos e servos, na máquina a trabalhar.
A exploração desumana, sem trégua nem piedade,
A acumulação primitiva, uma triste ferida na história da humanidade.

A acumulação primitiva revela as engrenagens,
Das desigualdades que permeiam os novos tempos, tempos da relação capital.
Um sistema que privilegia poucos, exclui milhões,
E marca os alicerces do capitalismo em seus primeiros momentos, em sua pré-história.

ACUMULAÇÃO PRIMITIVA I

Muitos dizem
Marx deveras carregou
Nas tintas quando me escreveu.
Mas, venhamos e convenhamos ...
Se fosse para revelar um segredo tão
escondido e cruel,
Quem assim não o faria.

Eu sou assim, por dizer, um segredo.

Os clássicos da Economia
Descreveram-me como um processo
harmonioso, idílico, natural.
Mas, eles, se enganaram. Isso eu nunca fui.

Eu sou a solução do enigma do capital
desenvolvido.

A saída de uma armadilha circular,
A pré-história do capitalismo.
Porém, nunca seriamente deixei de existir.

Quem quiser pergunte a Saskia Sassen,
A David Harvey, a Francisco Teixeira, a
Chico de Oliveira, entre outros.

Eu sou o "pecado original econômico",
Como assim meu autor me denominou.

Se o pecado original teológico
Mostra como o homem foi condenado
A comer o seu pão com o suor de seu rosto
...
(Eu mostro "porque há gente que não tem
necessidade disso").

Assim é o círculo do capital:
A acumulação de capital,
Pressupõe o mais-valor;
O mais valor,
Pressupõe a produção capitalista.
A produção capitalista,
Pressupõe capital e trabalho assalariado.
O capital e o trabalho assalariado,
Pressupõem tanto o mais-valor quanto a
produção capitalista.
A produção capitalista,
Pressupõe a produção capitalista.

Eu sou a saída desse círculo, viciado,
viciante, aliciador, recalcitrante.

Eu sou a separação do produtor direto
De seus meios de produção e subsistência.
Eu sou a origem da pobreza e da riqueza
Em sua acepção moderna.

Criei "duas espécies bem diferentes de
possuidores de mercadorias".
Os possuidores de dinheiro, meios de
produção e meios de subsistência
("Que se propõem a valorizar a soma-valor
que possuem mediante a compra da força
de trabalho alheia).

E, os trabalhadores livres, vendedores de
uma única mercadoria própria, sua própria
força de trabalho.

Fiz dessa polarização,
"As condições fundamentais da produção
capitalista."
A relação-capital,
Que pressupõe a separação
Entre os trabalhadores
E a propriedade das condições da realização
de seu próprio trabalho.

Eu me desenvolvi a partir de todos os
momentos

Em que grandes massas humanas
Foram expropriadas de seus meios de
subsistência,
Lançadas no mercado de trabalho como
proletários ("livres como pássaros").

Eu usei de muita violência.
Eu expropriei o povo do campo de sua base
fundiária,
A partir dos cerramentos.

Eu roubei os bens da igreja (grande
quantidade de terras).
Eu realizei a "alienação fraudulenta dos
domínios estatais",
(Transformei o Estado em comitê da
burguesia).

A partir do próprio Estado,
Criei uma legislação sanguinária
Para rebaixamento de salários na Inglaterra,
Do século XV ao século XIX.

Eu roubei a propriedade comunal.

Conquistei o campo para a agricultura
capitalista.
Incorporei a base fundiária ao capital.
Criei para a indústria urbana a oferta
necessária de um proletariado livre.

(Nem mais escravo, nem mais servo, nem mais, Pequeno produtor economicamente autônomo).

Criei o arrendatário capitalista.
Revolucionei a agricultura.
Gerei um mercado interno para os bens industriais.
Eu sou a própria gênese do capitalista industrial.

Forneci instrumentos incríveis para a alavancagem do processo de acumulação industrial.

Que o diga o sistema colonial.
O "moderno sistema tributário";
O "sistema da dívida pública";
O "sistema protecionista."

Eu sou a própria gênese do capitalismo.
Carregado nas tintas ou não,
A minha violência e virulência,
Ninguém pode negar.

Eu fiz o mercado, os mercados mundiais.
Eu escravizei, eu assassinei, eu espoliei.
Essa é a minha origem.
(O capitalismo hoje resolve quase tudo pelo mercado, pelas forças de oferta e demanda).

Mas, nem sempre foi assim.
Ainda, hoje, de forma disfarçada ou explícita o capital recorre a mim.
Eu sou como sua sombra, nunca deixarei de existir.

Sempre que o mercado não funcionar como esperado,
Quando das guerras.
Da vontade das grandes empresas e potências mundiais ...
Eu, o método extraeconômico,
A violência,
Estarei sempre à disposição do capital e do capitalismo.
O que eu mais posso dizer...
Eu sou a acumulação primitiva,
Minha natureza é a violência.

TENDÊNCIA HISTÓRICA DA ACUMULAÇÃO CAPITALISTA

Na saga histórica da acumulação capitalista,
Uma tendência se revela, incisiva e persistente.
Marx, com sua voz crítica e combativa,
Declara a expropriação dos expropriadores.

A acumulação capitalista, em seu avanço voraz,
Concentra riquezas nas mãos de poucos audazes.

Enquanto a classe trabalhadora, na lida cotidiana,
Sofre com a exploração, com a fadiga que não descansa.

Mas na essência do sistema, uma contradição emerge,
A expropriação dos expropriadores se insurge no horizonte.
O capital, que acumula por meio da exploração,
Cria as condições para sua própria expropriação.

A tendência histórica da acumulação capitalista,
Revela o germe de sua própria destruição.
Pois na busca incessante por lucro e poder,
O capital semeia as sementes da revolução proletária.

Os proletários, unidos e conscientes,
Movem-se para além da luta por melhorias imediatas.
Compreendem o jogo das relações de produção,
E clamam por justiça, por novas vias libertadoras: Revolução.

A expropriação dos expropriadores se faz revolução.

À medida que o capital expande sua investida,
Os meios de produção se socializam, coletivizam,
E os trabalhadores assumem o leme de suas próprias vidas.

O controle do capital, antes nas mãos dos poucos,
É transferido à coletividade, aos produtores diretos.
E a exploração que outrora oprimia e sufocava,
É substituída por uma sociedade de equidade social.

A tendência histórica da acumulação capitalista,
Aponta para um futuro de emancipação humana e social.
Onde a expropriação dos expropriadores,
Dá lugar à construção de uma nova forma de sociabilidade.

Que a luta dos trabalhadores se erga,
Contra a expropriação desumana e vil,
Em busca de uma sociedade mais justa e igualitária,
Onde o homem não seja explorado, mas sim senhor de si.

Assim, a tendência histórica se completa,
A acumulação cede espaço à justa redistribuição,
E a expropriação dos expropriadores,
Se abre em uma nova revolução.

Que a voz de Marx ressoe em nossas ações,
Nos inspire a lutar pelo fim da exploração,
E a construir um mundo de equidade e união,
Onde todos sejam um em sua própria emancipação.

TENDÊNCIA HISTÓRICA DA ACUMULAÇÃO CAPITALISTA I

A propriedade privada do capital,
"Antítese da propriedade social, coletiva."
Expropriação da "propriedade privada do trabalhador
Sobre os seus meios de produção".

A propriedade privada do capital,
Incompatível com a propriedade privada individual do produtor direto,
Economicamente autônomo.
(Seja dos seus meios de produção e de subsistência, seja sobre o domínio da sua própria força de trabalho).

Nisso, Marx é categórico:

"A propriedade privada
Constituída por meio do trabalho próprio,
Fundada, por assim dizer,
Na fusão do indivíduo trabalhador isolado,
Independente, com suas condições de trabalho,
Cede lugar à propriedade privada capitalista,
Que repousa na exploração do trabalho alheio,
Mas formalmente livre".

É a expropriação e a exploração privada
Dos meios de produção coletivos
Que faz do capitalismo uma socialidade.
Porém, de não liberdade, de não igualdade, de não justiça. De contradição, de negação do ser.
Centralização de meios de produção
E apropriação privada
Do produto social do trabalho.

Os capitalistas aproveitam
"Todas as vantagens desse processo de transformação".

Ao trabalhador assalariado é destinado:
"A massa de miséria,
Opressão,
Servidão,

136

Degeneração,
Exploração," ...

Mas, também, revolta!

"Numerosa e instruída,
Unida e organizada
Pelo   próprio   processo   de   produção
capitalista".

"Soa a hora derradeira
Da propriedade privada capitalista,
E os expropriadores serão expropriados".

"A produção capitalista produz [...]
Sua própria negação".

Não foi com as revoluções de 1848,
Como Marx e Engels esperavam,
Apesar de tão favoráveis condições.

A Revolução Russa, firmou-se, em 1917, c
Com Lenin e seus camaradas.
Grande esperança trouxe.
Dessarte,   o   estabelecimento   de   uma
sociedade   sem   privilégios   não   pode   ser
tarefa de um ditador,
O caminho que a revolução tomou.
Morreu, em 1989, sufocada em si mesma
E pelo ocidente capitalista.

Mas, um dia haverá de acontecer,
Ou não haverá mais mundo humano como
o conhecemos.
Nem o ser humano nem a mãe-natureza
Poderão continuar resistindo à insanidade
Desse famigerado sistema.
Essa grande degeneração,
Que se tornou o capitalismo.
Ao mesmo tempo em que nos desumaniza,
        Nos reifica,
                Nos coisifica.
Viramos todos tão somente uma
mercadoria.
Dominada e comandada pelo DEUS
dinheiro, Serviçal do capital.

**"PROLETÁRIOS DE TODOS OS
PAÍSES, UNI-VOS!"**

É CHEGAD A DERRADEIRA HORA.

O CAPITAL

O Capital, monumental obra escrita por Karl Marx, representa um marco na história do pensamento econômico e político. Dividido em três volumes, esse tratado abrangente busca decifrar as complexidades do sistema capitalista, desvendando suas engrenagens e contradições fundamentais.

No primeiro volume, Marx nos conduz à essência do capitalismo, explorando a teoria do valor. Ele desmistifica a mercadoria, revelando que seu valor não é inerente, mas sim resultado do trabalho socialmente necessário para produzi-la. Através dessa análise, ele demonstra como o trabalho humano é a fonte do valor e, por consequência, do capital.

No segundo volume, Marx aprofunda-se na dinâmica da circulação de mercadorias, desvendando a transformação do dinheiro em capital. Ele explora a relação entre os processos de compra e venda, mostrando como a busca por mais-valor impulsiona a acumulação de capital. Marx também examina as diferentes formas de capital, como o capital comercial e o capital financeiro, destacando sua influência na exploração da classe trabalhadora.

No terceiro volume, Marx mergulha no estudo da produção capitalista em sua totalidade, abordando o processo de produção e a exploração da força de trabalho. Ele discute as leis que regem a taxa de lucro e a acumulação do capital, evidenciando as contradições inerentes ao sistema. Marx revela como a tendência à queda da taxa de lucro e as crises cíclicas são inevitáveis no capitalismo, levando à instabilidade e à exploração ainda mais intensa dos trabalhadores.

Ao longo de sua obra, Marx destrincha as relações sociais e econômicas que sustentam o capitalismo. Ele expõe a exploração da classe trabalhadora, a alienação do trabalho e a desigualdade social como resultados inevitáveis do sistema capitalista. Com argumentos sólidos e uma análise crítica, Marx apresenta sua visão de superação do capitalismo para uma sociedade emancipada, na qual a exploração seja abolida e o trabalho seja liberado das correntes do capital.

O Capital, com sua linguagem densa e analítica, desafia os leitores a questionar a ordem estabelecida e a buscar uma transformação social. Através de sua prosa rigorosa e incisiva, Marx traça um panorama do capitalismo, revelando suas contradições internas e apontando para a necessidade de uma revolução que liberte a classe trabalhadora e estabeleça uma sociedade baseada na igualdade e na solidariedade. É uma obra que continua a inspirar gerações, oferecendo uma perspectiva crítica e um chamado à ação em prol de um mundo mais justo e humano.

A CATEGORIA VALOR

A categoria do valor, tão central na obra de Karl Marx, é uma das bases fundamentais para a compreensão do sistema capitalista. Em suas análises, Marx desvenda o valor como uma relação social mediada pela troca de mercadorias, revelando a lógica oculta por trás do funcionamento do capitalismo.

Marx parte da premissa de que o valor não é uma característica natural das mercadorias, mas sim um produto das relações sociais estabelecidas na produção e troca. Ele distingue o valor de uso, que se refere à utilidade concreta de uma mercadoria, da forma peculiar do valor, que é sua expressão abstrata e universal.

O valor de uma mercadoria é determinado pelo tempo de trabalho socialmente necessário para produzi-la.

Marx chama essa medida de "trabalho abstrato", pois não se refere ao trabalho específico de um indivíduo, mas sim à média socialmente necessária. Dessa forma, o valor de uma mercadoria é uma expressão social, que reflete a quantidade de trabalho humano incorporada nela.

No entanto, Marx vai além e introduz a distinção entre valor de uso e valor de troca. Enquanto o valor de uso representa a satisfação de necessidades materiais, o valor de troca é uma relação social, na qual as mercadorias são trocadas umas pelas outras com base em seu valor relativo.

Essa "dualidade" entre valor de uso e valor de troca é uma das principais contradições do capitalismo. Sob a lógica do valor de troca, as mercadorias são transformadas em meros objetos de troca, e o trabalho humano se submete à necessidade de criar valor para o capital. Assim, a produção de mercadorias deixa de ser orientada pela satisfação das necessidades humanas e passa a ser ditada pela acumulação de capital.

Com base na categoria do valor, Marx desvenda a exploração inerente ao sistema capitalista. O trabalho excedente, além do necessário para a reprodução da força de trabalho, é apropriado pelo capitalista como mais-valor, gerando lucros e enriquecimento para a classe dominante. É essa extração de mais-valor que impulsiona a acumulação e a reprodução ampliada do capital.

A categoria do valor em Marx nos convida a uma profunda reflexão sobre as relações sociais e econômicas que sustentam o capitalismo. Ela revela a forma como o trabalho humano é convertido em mercadorias, objetos de troca que movem o sistema capitalista. Ao compreender a dinâmica do valor, somos instigados a questionar a lógica perversa do capitalismo e a buscar alternativas que coloquem o trabalho a serviço das necessidades humanas, em uma sociedade justa e emancipada.

A TEORIA DA
EXPLORAÇÃO

A teoria da exploração em Karl Marx é um dos pilares fundamentais de sua análise crítica do capitalismo. Em sua obra, Marx desvela as relações de poder e dominação presentes no sistema econômico vigente, evidenciando como a classe dominante explora a classe trabalhadora em busca da acumulação de riqueza.

Marx parte do pressuposto de que o valor das mercadorias é determinado pelo trabalho humano socialmente necessário para produzi-las. No entanto, sob o capitalismo, a relação entre capital e trabalho é desigual. Enquanto o capitalista possui os meios de produção e detém o controle sobre o processo de trabalho, o trabalhador se vê obrigado a vender sua força de trabalho em troca de um salário.

Essa relação de assalariamento é o ponto central da teoria da exploração em Marx. O trabalhador, ao vender sua força de trabalho, é remunerado apenas pelo valor necessário para a sua reprodução, ou seja, para a satisfação de suas necessidades básicas. No entanto, o valor gerado pelo trabalho excedente, além do necessário para sua própria subsistência, é apropriado pelo capitalista como mais-valor.

Essa apropriação do mais-valor é o cerne da exploração capitalista. O capitalista se beneficia do trabalho não remunerado do trabalhador, lucrando com a diferença entre o valor criado pelo trabalho e o valor pago como salário. Assim, a classe trabalhadora, mesmo produzindo riqueza e valor para a sociedade, é privada dessa riqueza e submetida a condições precárias de trabalho.

Marx destaca que a exploração não se limita apenas à esfera econômica, mas também permeia as esferas sociais e políticas. A classe dominante utiliza seu poder econômico para influenciar as estruturas políticas e moldar as leis e instituições de acordo com seus interesses, perpetuando assim a exploração e a desigualdade.

A teoria da exploração em Marx é uma análise crítica do sistema capitalista, que busca revelar as contradições e injustiças inerentes a essa ordem social. Ao expor a dinâmica da exploração, Marx conclama os trabalhadores a se conscientizarem de sua condição e a se unirem em luta coletiva contra a opressão capitalista.

Essa teoria nos convida a refletir sobre as estruturas sociais e econômicas que moldam nossa sociedade. Ela nos incita a questionar a concentração de poder e riqueza nas mãos de poucos, e a buscar formas alternativas de organização social que sejam mais justas e igualitárias.

A teoria da exploração em Marx é um convite à transformação, ao empoderamento da classe trabalhadora e à construção de uma sociedade baseada na solidariedade, na justiça social e na emancipação humana. É uma chamada à superação do capitalismo e à construção de um mundo onde o trabalho seja livre, valorizado e voltado para a satisfação das necessidades de todos.

SUPERAÇÃO DO CAPITALISMO

A necessidade de superação do capitalismo é um tema central na obra de Karl Marx. Ao longo de suas análises, Marx expõe as contradições e injustiças inerentes a esse sistema econômico, apontando para a urgência de uma transformação radical da sociedade.

Marx argumenta que o capitalismo é um sistema baseado na exploração da classe trabalhadora, na busca incessante por lucro e acumulação de capital. Ele demonstra como a lógica do capital impõe condições de trabalho desumanas, salários baixos e desigualdades sociais profundas. O capitalismo gera uma concentração de riqueza e poder nas mãos de uma pequena elite, enquanto a maioria sofre com a pobreza e a falta de oportunidades.

Além disso, Marx revela que o capitalismo é marcado por crises cíclicas e instabilidades, resultantes das contradições internas do sistema. A busca desenfreada por mais-valor e a competição entre os capitalistas levam a uma sobreprodução e à queda da taxa de lucro. Essas crises afetam diretamente a vida dos trabalhadores, resultando em desemprego em massa, falências de empresas e aprofundamento das desigualdades sociais.

Para Marx, a superação do capitalismo é necessária não apenas para eliminar a exploração e as desigualdades, mas também para libertar o trabalho humano das amarras impostas pelo capital. Ele defende a construção de uma sociedade socialista, na qual os meios de produção sejam coletivamente controlados e a produção esteja voltada para a satisfação das necessidades de todos.

No socialismo, Marx vislumbra uma transformação profunda nas relações sociais e econômicas. Ele propõe a abolição da propriedade privada dos meios de produção e a socialização dos recursos, de modo que a riqueza seja compartilhada de forma equitativa. Marx enfatiza a importância da cooperação e solidariedade entre os indivíduos, em contraste com a competição e a busca individual de lucro que caracterizam o capitalismo.

Ao propor a superação do capitalismo, Marx não apenas identifica os problemas do sistema vigente, mas também aponta para a possibilidade de uma sociedade mais justa e igualitária. Ele acredita que a emancipação da classe trabalhadora e a construção de um mundo socialista são objetivos alcançáveis por meio da luta coletiva e da conscientização dos oprimidos.

A necessidade de superação do capitalismo, segundo Marx, reside na busca por uma sociedade em que o trabalho seja valorizado, em que as necessidades humanas sejam atendidas e em que a liberdade e a igualdade sejam realidades concretas. É um chamado à ação, à solidariedade e à transformação, visando a construção de um futuro em que as relações sociais estejam baseadas na justiça, na dignidade e na emancipação humana.

REFERÊNCIAS

HARVEY, David. O novo imperialismo. 3ª ed. São Paulo: Edições Loyola, 2004.

MARCUSE, Herbert. Razão e revolução: Hegel e o advento da teoria social. 5ª ed. São Paulo: Paz e Terra, 2004.

MARX, Karl; ENGELS, Friedrich. Manifesto do partido comunista. São Paulo: Boitempo, 2010.

MARX, Karl. Manuscritos econômicos-filosóficos. São Paulo: Boitempo, 2008.

_____. Contribuição à crítica da economia política. 2ª ed. São Paulo: Editora Expressão Popular, 2008a.

_____. Sobre a questão judaica. São Paulo: Boitempo, 2010a. (Coleção Marx-Engels)

_____. Crítica da filosofia do direito de Hegel. 2ª ed. São Paulo: Boitempo, 2010b.

_____. O Capital: crítica da economia política. Livro I: o processo de produção do capital. 2ª ed. São Paulo: Boitempo, 2017.

OLIVEIRA, Chico. Crítica à razão dualista/O ornitorrinco. São Paulo: Boitempo, 2003.

ROSDOLSKY, Roman. Gênese e estrutura de O capital de Karl Marx. Rio de Janeiro: EDUERJ: Contraponto, 2001.

TEIXEIRA, Francisco; FREDERICO, Celso. Marx no século XXI. 2ª ed. São Paulo: Cortez, 2009.

SASSEN, Saskia. Expulsões. Rio de Janeiro, 2016.

Notas

[1] Revista Planeta. Edição 403, ano 33, abril de 2006., p. 28/29].

[2] Sagan, Carl. **O Mundo Assombrado pelos Demônios: a ciência vista como uma vela no escuro.** – São Paulo: Companhia das Letras, 1996, p. 20: "Em todo o mundo, existe um enorme número de pessoas inteligentes e até talentosas que nutrem uma paixão pela ciência. Mas essa paixão não é correspondida. Os levantamentos sugerem que 95% dos norte-americanos são cientificamente analfabetos. A porcentagem é exatamente igual à afro-americana, quase todos escravos, que eram analfabetos pouco antes da guerra civil – quando havia penalidades severas para quem ensinasse um escravo a ler".

[3] Wood Jr, Thomaz. **Homo ignobilis.** – Carta Capital. Edição de 02/04/08.

[4] Idem.Ibidem.

[5] Rosdolsky (2001, p. 169).

[6] KALECKI, Michal. **Teoria da dinâmica econômica/Ensaio sobre as mudanças cíclicas e a longo prazo da economia capitalista.** São Paulo: Editora Nova Cultural Ltda, 1977.

[7] Rosdolsky (2001, p. 177).

[8] Rosdolsky (2001, p. 191).

[9] Rosdolsky (2001, p. 197).